¿Quién YO SOY?

El despertar de la conciencia

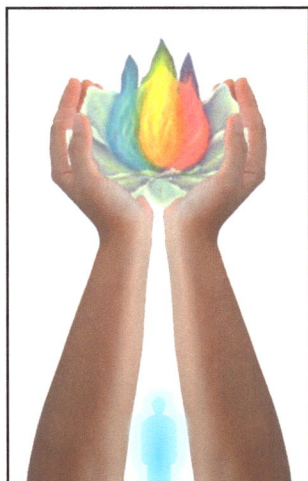

Grupo Anjos de Luz ®

¿Quién YO SOY?

El despertar de la conciencia

Serie: Mensajes de Luz para su día

1° volumen

1ª Edición

Belo Horizonte
Grupo Anjos de Luz ®
2019

© **2018** por Grupo Anjos de Luz ®

Título original: Quem EU SOU? - O despertar da consciência

Canalizadoras: Carla Lopes I Fátima Castro I Kaká Andrade I Karina Veloso
Maria Alice Capanema I Rita Pereira
Diseñador gráfico y editorial: Alice Sena
Revisión: Agni Melo I Elizabeth Palomero I Kaká Andrade I Karina Veloso
Nair Pôssas Guimarães I Rita Pereira I Valdir Barbosa
Traducción: Celia Bueno

Q6
        ¿Quién YO SOY? - El despertar de la conciencia / Carla Lopes, Fátima Castro,
Kaká Andrade, Karina Veloso, Maria Alice Capanema, Rita Pereira (canalizadoras);
Traducción Celia Bueno . Belo Horizonte: Grupo Anjos de Luz, 2018.
        49p. - (Mensajes de Luz para su día; v.1)

        ISBN 978-65-80152-01-8

        1. Espiritismo 2. Psicografía 3. Parapsicología 4. Ocultismo I. Lopes, Carla II.
Castro, Fátima III. Andrade, Kaká IV. Veloso, Karina V. Capanema, Maria Alice VI.
Pereira, Rita. VII. Título VIII. Série.

                                                                CDD 133.9
                                                                CDU 133.7

Sumario

Presentación y agradecimientos

Se evidencia, a cada día, la necesidad de elevación de la conciencia de todo el Planeta tierra, delante de su actual etapa de cambios de vibración y de aquellos que viven en él, una vez que las energías se encuentran en la cumbre de la evolución, superando el momento de pruebas para alcanzar la fase de regeneración. ¡La Tierra se convertirá, pronto, un Planeta de seres en sintonía con las Verdades Divinas, para el equilibrio y la unidad con la Energía Superior, Dios!

En esto escenario, se inicia, por medio de esto libro, una Serie de **Mensajes de luz para su día** con instrucciones y reflexiones, las cuales han sido reunidas en cuatro volúmenes, con los siguientes temas: 1º volumen: ¿Quién YO SOY? - El despertar de la conciencia; 2º volumen: ¿Qué hago aquí? - En busca de sí mismo; 3º volumen: ¿Para adónde quiero ir? - Caminando en la luz; y 4º volumen: ¿Cómo quiero ir? - Conciencia plena.

¡Este primer volumen ha sido elaborado con la finalidad de compartir mensajes enviadas por la Espiritualidad de Luz con todo aquél que se interesa en concientizarse acerca de quién es verdaderamente, cuál su esencia, buscando la comprensión como ser integrante del contexto planetario y, así, entender qué está haciendo acá, para adónde desea ir y cómo quiere ir!

La idea, por lo tanto, es la de que este orientador sea su compañero diario.

Aquí, en esto espacio, usted encontrará un **Mensaje inicial** del Maestro Jesús, **Mensajes diarias de luz** enviadas por los Maestros de la Gran Fraternidad Blanca, Colonia Médica del Gran Corazón y Astheriãn y Grupos Anjos de Luz. Hay un mensaje para cada día de la semana, a fin de que usted familiarice acerca del buen uso de las enseñanzas divinas en su cotidiano. El libro contiene, aun, **Mensajes de la Espiritualidad de Luz**, **Meditaciónes en oraciones**, **Oraciones inspiradoras**, un **Mensaje final** y un **Glosario de la vitalidad** para auxiliarlo en el encuentro de su **Yo Soy Divino**, esencial para su equilibrio energético.

Gratitud a todos que han contribuido para la construcción de esto libro, proporcionando la concientización de la humanidad acerca **del camino, la verdad y la vida** que Jesús vino a enseñar.

¡Sea bienvenido(a)!

Introducción

"¿Quién Yo Soy?"
El despertar de la conciencia

Este libro pretende despertar acerca del Yo Soy, a fin de que el ser humano tenga conciencia como un ser formado de energía activa y que produce más energías, necesitando, por lo tanto, establecer una conexión energética con la Pura Energía Divina del Universo, Dios, para su bienestar y equilibrio.

Delante de esa comprensión, cada uno rescatará dentro de sí el Yo Soy, Pura Centella Crística de Dios, que es la luz del Amor Incondicional que brota en su propio corazón, a conducir sus pasos, pensamientos y sentimientos, en la construcción del camino espiritual, siendo Señor absoluto de su conciencia y de sus acciones.

Al encontrar el Yo Soy Divino dentro de sí, usted se desconectará de todo que te limita, de la negatividad ligada al ego, al orgullo, a la vanidad, para rescatar la paz, la armonía interior y establecer una conexión directa con las más altas esferas de vibración de la Espiritualidad de Luz.

¡Los mensajes han sido distribuidos por días de la semana, con el objeto de armonizar su interior para una práctica diaria de amor, potencializando sus virtudes, en gratitud y respeto por sí mismo, por el próximo, por el Planeta Tierra y por el Creador!

¡Cada día de la semana posee un mensaje enviado por la Espiritualidad de Luz (Maestros Ascencionados, Chohans/Dirigentes del día, Ángeles, Arcángeles, Médicos y demás Obreros del Camino de la Luz), en vibración sintonizada en aquél día!

Los mensajes han sido reunidos en 4 (cuatro) Semanas de Luz, para que usted esté amparado todos los días de la semana, se sienta libre para dedicarse a las lecturas o a las relecturas que desear.

¡Te invitamos a zambullir en esta conciencia liberadora y acogedora de la más Pura Energía Divina del Yo Soy!

Mensaje inicial

Maestro Jesús: Camino, Verdad y Vida

"¡Yo Soy el camino, Yo Soy la verdad, Yo Soy la vida dentro de cada uno de vosotros!

Este es un mensaje de amor, para que aprendan a amar al próximo y a vosotros mismos.

La comprensión de los seres de la Tierra debería ser más fácil sobe cuál camino seguir, para que puedan tener una Vida terrena humana y espiritual plena.

Sin embargo, muchos acaban interpretando de manera equivocada las enseñanzas que nuestro Padre Universal quiso que, a través de mí, fueran pasados al vuestro Planeta.

¡Necesitad, mis hijos y hermanos, que se concentren en la pureza de estas enseñanzas! ¡Solo pensamientos puros y desprovistos de cualquier emoción podrán tener la verdadera comprensión de lo que nosotros, aquí junto al Padre, deseamos a vosotros!

La emoción, mis hermanos, viene cargada de sentimientos que pueden taponar la verdadera visión espiritual.

Se necesita equilibrar la emoción con la razón, para que los pensamientos racionales sean direccionados a la fuerza positiva del bueno y del correcto entendimiento acerca de la actuación en vuestra evolución espiritual.

Las emociones, muchas veces, provocan confusiones sentimentales, como amor y odio, rabia y perdón, creyendo en el límite de su poder de curación, a levarle también a creer que siempre necesitará de algo exterior para curarse, además de muchas otras limitaciones, tales como miedos, inseguridad en las decisiones, disgustos, entre otros sentimientos que perjudican vuestra evolución.

Hermanos, observen con imparcialidad los ejemplos que dejé en la Tierra.

Aquí, nuestro Padre se hizo presente a través de mí como humano, para enseñar a todos que los humanos, que poseen la centella divina dentro de sí y son espíritus en evolución, podrán, sí, actuar dentro de un raciocinio de fe sobre la fuerza de vuestros pensamientos, para, entonces, lograr, a través de la concentración plena, equilibrar su mente, cuerpo y espíritu, atrayendo para vosotros toda la energía de bondad, para que sean libres de las emociones negativas y, así, que curen a sí mismos y a los otros, tanto de las llagas carnales cuanto espirituales.

Por lo tanto, el camino enseñado es el del perdón a sí mismo y al próximo, del amor incondicional, de la misericordia y del poder de curación, de la conexión con la sabiduría divina, de la busca de vuestra autoprotección espiritual y energética y del vuestro equilibrio, para la ascensión de todos los vuestros deseos, anhelos evolutivos y materiales.

La verdad es la de que todos, absolutamente todos los humanos, podrán tener éxito en seguir este camino, que involucra necesariamente la caridad y la curación.

¿Se acuerdan de los milagros? Son ejemplos del poder de curación y de la fe que está en cada ser humano.

Vivan esta verdad, mis hijos: ¡Vosotros sois DIOS y tenéis el poder para obtener la gloria, para siempre!

Si son Dioses, como ha sido dicho, es porque hay un Dios dentro de ustedes y es por eso que hemos visto a vosotros siempre orientando para que se concentren energéticamente y que bramen a vuestro Yo Soy Dios, para que rescaten vuestro Dios interior, dejado por la Llama Trina[1], como centella divina y pilar del amor incondicional, de la sabiduría divina, de la protección y de la fe, que abarcan todas las formas para vuestro buen caminar.

Es verdad, aún, que espíritus de alta Luz, de la Gran Fraternidad Blanca, están en vuestra ayuda, de todas las maneras posibles, orientando grupos espirituales y terrenos de ayuda a la evolución y del rescate del camino verdadero a ser seguido.

Cada día de la semana posee un rayo de luz colorido más intenso enviado al Planeta Tierra y para cada rayo hay un guardián, un Chohan, que ayuda en la conducción de esta energía, de manera más intensa, y coordina la Espiritualidad de Luz que trabaja en la intensificación de las virtudes existentes y abarcadas por los colores, combatiendo, por otro lado, las negatividades.

Los demás colores se pueden invocar a cualquier tiempo y día, además de aquél rayo de luz más intenso enviado a la Tierra en el día de la semana.

Los colores también se intensifican en luces artificiales puestas por los humanos, piedras, pulverizadores y todos los demás objetos que tengan poder energético.

Por lo tanto, mis hijos queridos, invoquen la Espiritualidad de Luz para que aumenten vuestras virtudes y aparten los malos sentimientos y utilicen los colores y sus poderes de forma racional, raciocinada para el buen aprendizaje y con foco en el apartamiento de las energías negativas, que se debe repeler.

El poder de los colores, es decir, de las virtudes evidenciadas e incentivadas a través de la Espiritualidad de Luz que actúan en ellas, es solo una de las formas para que se sientan seguros y tengan un norte para vuestro alcance evolutivo.

---

[1] Llama Trina: Luz Azul a su derecha, Luz Dorada al centro y Luz Rosa a su izquierda – La Llama trina es la Centella Divina dejada por DIOS en cada ser humano, que ha sido hecho a su imagen y semejanza (Yo Soy Divino) Se localiza en el chacra cardiaco, en el centro del pectoral del ser humano.

Busquen también la meditación y las medicinas alternativas energéticas.

Conscientes del Camino y de la Verdad, sólo quedaba decir a vosotros que la vida verdadera es aquella en Cristo, en Dios, y que la evolución del ser humano pasa, necesariamente, por la evolución espiritual, pues la Vida espiritual es eterna y un día todos vosotros tendrán vivienda en el Universo pacífico de la Pura Energía Divina, que es Dios.

¡Al seguir este camino, con conciencia en la verdad cristiana, podrán obtener una Vida terrena transmutada para el bien y la felicidad verdadera, haciendo con que alcancen también lo más alto amor divino en espíritu!

¡Escuchen siempre las enseñanzas enviadas por mensajeros, mis hijos y hermanos!

¡Orad y vigilad siempre, para que permanezcan en el camino de la luz!

¡El Maestro Kuthumi, junto conmigo y con Madre María, estamos en constante actuación por vosotros, más intensamente ahora, para que vosotros se preparen para la Nueva Era que llegará!

¡Yo vos amo!

¡Se queden en Paz!

¡Yo Soy JESÚS, dentro de cada uno de vosotros y Coordinador de los trabajos espirituales en la Tierra!"

(Mensaje canalizada en 16/05/2018)

Mensajes diarias de Luz

1ª Semana de Luz – Domingo
Luz Azul: Maestro El Morya – Arcángel Miguel
(Virtudes: Fe, Protección, Fuerza, Poder Personal, Voluntad Divina)

Maestro El Morya: ¡Luz Divina!

"¡Yo Soy la Luz Divina en cada ser aquí presente!

¡Yo Soy el Amor que proviene de sus corazones!

¡Yo Soy el Poder Divino que cada ser humano contiene, la energía del universo, energía que se dilata y adentra en cada hogar, familia, finanzas, trabajo, vida privada que, al ser bendecidos, se convertirán un solo, una energía sola!

¡Toda espiritualidad es formada por energías!

¡Las formas son humanas y sirven para comunicarnos entre nosotros en el Planeta Tierra!

Invoquen las luces, los colores, para que se conecten con estas energías puras de amor, perdón, verdad, curación, fe, Poder Divino que está dentro de usted.

¡Expansionen las luces! ¡De todos los colores!

¡Ayuden a ustedes y a los seres encarnados y desencarnados, envolviéndose y a los demás en estas luces!

¡Se imaginen con un punto de luz en el medio de la frente, entre las cejas, más allá de la Llama Trina (en el centro del pecho), concentrándose hasta que se dilaten al ambiente y a los espíritus!

¡Yo Soy Luz! ¡Yo Soy Perfección!

¡Dios está en cada uno!

¡Que la luz azul de la protección y de la fe esté con ustedes!

Yo Soy Maestro El Morya."

(Mensaje canalizada en 25/05/2017)

1ª Semana de Luz – Lunes

Luz Dorada: Maestro Confucio – Arcángel Jofiel

Maestro Kuthumi (antiguo Chohan - actual Instructor del Mundo) - Maestro Lanto
(Virtudes: Sabiduría, Iluminación, Ciencia, Tecnología, Conocimiento, Inspiración)

Maestro Confucio: Conexión Suprema

"¡La Luz Divina, de Dios Padre Todo Poderoso, esté siempre con vosotros!

¡Amigos en Cristo, el amor incondicional que se cierne sobre la energía terrestre es inigualable, siendo el medio más favorable para que alcancen todos vuestros intentos evolutivos, pues activan la energía bondadosa que hay en sus corazones, a iluminarles al ser encarnado y a expansionar su Yo Soy Luz que hay en cada uno!

¡Esta expansión de su conciencia divina interior se da a la luz de la Sabiduría Divina, que depende de estudios y dedicación, persistencia y disciplina!

Son virtudes esenciales para vuestras conexiones racionales energéticas con las enseñanzas divinas.

Esto les posibilitará que sean multiplicadores de la paz de Dios en cualquier oficio o función, pues serán ejercidos bajo la luz dorada y transmitirán su verdadero sentido.

¡Lo mismo valdrá para sus relaciones personales y profesionales!

Estudien e instrúyanse, pues, en este momento, serán también intuidos, momentos este de conexión a la Energía Suprema.

¡Yo vos amo!
Yo Soy Maestro Confucio."

(Mensaje canalizada en 19/09/2018)

1ª Semana de Luz – Martes
Luz Rosa: Maestra Rowena – Arcángel Samuel
Otros Maestros Ascensos: Paulo, el Veneziano (antiguo Chohan de este Rayo)
(Virtudes: Amor Puro Incondicional, Perdón, Auto aceptación, Gratitud, Belleza, Bondad, Reverencia, Tolerancia, Adoración)

Maestra Rowena: Amor Incondicional

"El mensaje de Dios es única:

¡Amen al próximo como a ti mismo!

¡El amor transmuta la energía del mundo y del ser humano!

Amar significa tolerar, ver los errores y los aciertos con cariño y resignación.

El amor está en el ambiente y en el interior de cada uno y se controlen, por lo tanto.

¡Quiero decirles que están en el camino cierto y pido que ejerciten el amor diariamente!

¡Saquen un momento del día para pensar en su Vida y ejercitar el amor y la compasión!

¡Ámense!

Yo Soy Maestra Rowena."

(Mensaje canalizada en 16/03/2017)

1ª Semana de Luz – Miércoles
Luz Blanco-cristal: Maestro Seraphis Bey – Arcángel Gabriel
(Virtudes: Pureza, Paz, Equilibrio, Ascensión, Silencio, Resurrección, Purificación, Limpieza de Karmas)

Maestro Seraphis Bey: Ora y Vigila

"¡Líbranos, Señor, de todo malo, ahora y siempre!

¡Las energías negativas están tumultuando el mundo, conectadas a espíritus de bajas vibraciones! ¡Entonces, se aferren a la espiritualidad del bien!

¡No permitan que malos pensamientos permanezcan en sus mentes! Ellos, por veces, con ustedes sin vigilar, acaban apareciendo, en razón de este lío energético, pero lo importante es que insistan!

¡La mejor forma de espantar los malos pensamientos es a través de la oración!

¡Oren! Charlan con sus espíritus guardianes y protectores, escuchan una canción ligera y que les transmita una energía de calidad, porque los malos pensamientos serán apartados de ustedes!

¡Si los malos pensamientos regresan, oren de nuevo, incansablemente, de modo que su campo energético protector de luz divina no se debilita. De esta manera, todas las intemperies de la Vida encarnada tendrán su propia luz para el enfrentamiento correcto y evolutivo, en el camino del bien!

¡Ustedes son formados de pura energía!

¡Todo en el Planeta Tierra posee átomo en su constitución, es decir, todo es energía, sea en el campo de la encarnación, en cuanto en el más allá, en la espiritualidad!

¡Fortalezcan esta energía que compone cada uno, con la centella divina de la Llama Trina que se encuentra en su corazón, ensanchando esta luz y conectándose con las energías del Universo, cuya pureza y perfección se denomina Dios, Padre de amor y de bondad!

¡La energía pura del amor, cuando invocada con la más pura intención en su corazón y pensamiento, prevalece sobre todos los males, amenizando su pasaje evolutivo por el Planeta Tierra!

¡Que la Pura Energía Divina se quede con ustedes!

Yo Soy Maestro Seraphis Bey."

(Mensaje canalizada en 22/06/2017)

1ª Semana de Luz – Jueves
Luz Verde: Maestro Hilarion – Arcángel Rafael – Maestra Madre María
(Virtudes: Curaciones, Verdades, Justicia Divina, Concentración y Dedicación)

Maestro Hilarion: Curación

"¡El Padre Amado está sobre la Tierra!

¡El Padre es la Pura Energía de Luz de Amor!

¡Busquen la luz interna que encontrarán a Dios y simplemente curarán todos sus males y también de los otros!

¡Ese es el poder de la Curación!

¡Todos lo tienen! ¡Todos!

¡Basta con que ejerciten todos los días!

¡Mediten! Ejerciten.

¡Con mucha fe, moverán montañas!

¡Crean!

¡Se curan y curan los otros!

Yo Soy Maestro Hilarion."

(Mensaje canalizada en 16/03/2017)

1ª Semana de Luz – Viernes

Luz Rubí-dorada: Maestra Nada – Arcángel Uriel
Maestro Jesús (antiguo Chohan - actual Instructor del Mundo)
(Virtudes: Misericordia, Devoción, Amor, Curaciones)

Maestra Nada: Confianza

"¡Mucha luz para todos!

¡Confiad en todo que está siendo presentado para ustedes! ¡Confiad!

¡Este sitio es de puro amor!

¡Hay mucha energía positiva, mucha luz! ¡Se involucren en ella y crean!

¡Crean en ustedes, que son merecedores de libertarse de los males del mundo y de formar parte de los trabajadores de la luz!

¡Mis hermanos, sigan en el camino del bien y no desistan!

¡Todo tendrá su momento correcto, pero dependerá de su estudio y del proceso evolutivo formado por su libre albedrío!

¡Persistan! ¡Sean fuertes en la luz!

¡Mucha paz y amor!

Yo Soy la Fuerza Divina del poder de la Luz Rubí-dorada.

Yo Soy Maestra Nada."

(Mensaje canalizada en 08/06/2017)

1ª Semana de Luz – Sábado

Luz Violeta: Maestro Saint Germain – Arcángel Ezequiel
(Virtudes: Transmutación y Transformación, Libertad, Apelaciones, Compasión)

Maestro Saint Germain: Transformación y Renovación

"¡Yo Soy un ser de la luz violeta de la transmutación de los seres y de las energías! ¡Oren mis hermanos!

¡Fijad sus pensamientos en sus progresos espirituales, evolución del saber, conocimiento de la verdad insertada en el contexto de la liberación, para el buen uso del poder divino!

¡El poder del Cosmos se mueve por la fuerza del pensamiento, por las energías que salen de él!

¡Entonces, ya saben cómo transmutar todo negativo en positivo!

¡Aprovechen el momento de cambio energético de la Tierra para auto modificarse y cambiar las energías a su alrededor!

¡Atraiga para sí solo bonanzas, felicidad, pureza y amor!

¡Conviertan sus Vidas!

¡Dejen lo viejo para atrás!

¡Todo nuevo dentro de cada uno!

¡Al hacer eso, todo a su alrededor se renovará para el bien!

¡Sigan en la luz violeta del amor, del ascenso, de la transmutación del viejo al nuevo!

Manténganse en esta luz. ¡Luz que calienta a los seres!

¡Amo a ustedes!

¡Se queden en paz!

Yo Soy Maestro Saint Germain."

(Mensaje canalizada en 25/05/2017)

2ª Semana de Luz – Domingo
Luz Azul: Mestre El Morya – Arcanjo Miguel
(Virtudes: Fé, Proteção, Força, Poder Pessoal, Vontade Divina)

Maestro El Morya: Protección Celestial

"¡Mis hermanos!

Hoy, les traigo una palabra de paz y amor: ¡PROTECCIÓN!

¡Siéntanse protegidos por el poder de la luz azul de la fe y de la protección de sus energías contra las energías densas de este Mundo! ¡La luz del amor, del perdón, de la paz, de la misericordia, de la curación y de todo el tipo de protección de que necesiten!

¡Todas las luces, en realidad, llevan a una sola luz energética divina, la del Padre Celestial, bondadoso y misericordioso!

¡La luz azul es fuerte en la protección y en el mantenimiento de todas las demás virtudes ya comenzadas en todos, cuando dios ha permitido que se insertara en cada corazón humano la Llama Trina, que se puede expansionar a todo momento!

¡La llama Trina es la centella divina guardada dentro de cada uno! Basta con expansionarla para que sientan cómo tendrán el poder de amar incondicionalmente, de ser intuidos por su propio Yo Soy en sus decisiones, iluminados por la Llama Dorada, que está al lado de la llama Rosa del puro amor, permaneciendo protegidos por su propia luz azul, enriquecida por su campo energético, conectado a las energías divinas que están en el Universo, al Dios Padre todo poderoso, que está dentro del Yo Soy de cada uno.

¡Esa luz azul da fe en ustedes mismos, los curará de las llagas del mundo y de las enfermedades carnales y espirituales, incluso las psíquicas, porque la fe en su Yo Soy cambiará el mundo!

¡Que la paz del Señor Jesús Cristo, de Madre María, Maestro Saint Germain y de los demás seres de luz de la Grande Fraternidad Blanca se fortalezca en ustedes, hoy y siempre!

¡Yo vos amo!

Yo Soy Maestro El Morya."

(Mensaje canalizada en 09/07/2017)

2ª Semana de Luz – Lunes

Luz Dorada: Maestro Confucio – Arcángel Jofiel
Maestro Kuthumi (antiguo Chohan - actual Instructor del Mundo) - Maestro Lanto
(*Virtudes:* Sabiduría, Iluminación, Ciencia, Tecnología, Conocimiento, Inspiración)

Mestre Kuthumi: Centella Divina

"¡Mis hermanos, la buena nueva hasta vosotros hoy y todos los días de la vida espiritual de cada uno! ¡Esta buena nueva consiste en la información y en la transmisión de la verdad divina sobre vuestra luz interior, que deberá ser cada vez más purificada!

¡Esta luz, mis hermanos, es la centella divina que nuestro Padre Celestial ha dejado dentro del corazón de cada uno de los seres encarnados en la Tierra. Ella será la salvación de todos y del Mundo a su alrededor! ¡Hermanos, la centella divina es DIOS dentro de Vosotros, es decir, todos son creados en perfección y podrán regresar a ella, desde que oren y vigilen todo el tiempo, a fin de seguir el Camino, la Verdad y la Vida feliz que Jesús vino a enseñar!

¡Esta centella puede ser simbolizada como la Llama Trina que está en el chakra cardiaco, de luz azul de la protección y fe y voluntad divina, rosa del amor y del perdón y dorada de la sabiduría divina, para que hagan las elecciones correctas dentro de su libre albedrío, a llevarle a la esperada evolución espiritual! ¡El Yo Soy Dios que está en vosotros deberá ser buscado constantemente, en la pureza y en la paz de Dios! ¡Aténtense para las enseñanzas que están siendo pasadas!

Vos amo y estoy con vosotros, como Instructor del Mundo, junto con Jesús Cristo y Madre María, para auxiliarles a seguir de acuerdo con la oración que ha sido dejada en mi nombre cuando encarnado como São Francisco.

¡Busquen seguir de verdad a los consejos de esta oración!

¡Vos amo!

Confíen! ¡Fe y amor!

¡Luz y mucha sabiduría!

Yo Soy Maestro Kuthumi."

(Mensaje canalizada en 30/07/2018)

Luz Rosa: Maestra Rowena – Arcángel Samuel
Otros Maestros Ascensos: Paulo, el Veneziano (antiguo Chohan de este Rayo)
(Virtudes: Amor Puro Incondicional, Perdón, Auto aceptación, Gratitud, Belleza, Bondad, Reverencia, Tolerancia, Adoración)

Maestra Rowena: Amor y Libertación

"¡Que la luz divina de la paz del amor puro esté con ustedes, mis queridos hermanos! ¡Los corazones hoy se llenan de amor, como un río de luz rosa siguiendo hacia el infinito, hasta el Padre Celestial, hasta la más pura energía en perfección!

¡Que este amor se expansione para todos a su alrededor, para el mundo, para ustedes mismos, para los necesitados, para los niños y a sus compañeros y familiares! ¡Ámense! ¡Perdónense! ¡Sientan la calma y la tranquilidad que el amor trae, así como la liberación del perdón a sí y a los otros! ¡Que este amor pueda ser entendido también como un gesto de caridad, de compasión y de misericordia! ¡De libertad, mis queridos!

¡Lleven esta luz rosa del amor incondicional a sus caminos, a las sus casas y se alaguen en ella, sintiendo toda la preparación y el campo fértil para desarrollarse cada evolución, particularmente en cada uno de ustedes, pues el amor es la base de la curación de las heridas del pasado y de esta Vida, a viabilizar el crecimiento espiritual, dentro de la paz de su Santo-Ser-Crístico Yo Soy! ¡Se queden en la paz del puro amor y, si no estuvieren sabiendo amar, llamen a los espíritus de la Luz Rosa que encontrarán auxilio a la respuesta, en su libre albedrío! ¡Mucho amor y protección a todos aquí, que vinieron a sentir este divino amor! ¡Yo vos amo!

¡Estaré con ustedes en este momento de transformación energética del Planeta Tierra y solo con mucho amor y respeto, purificación, paz y curación de sus imperfecciones, tendrán satisfacción en este cambio!

¡Qué así sea!

Yo Soy Maestra Rowena."

(Mensaje canalizada en 12/06/2017)

2ª Semana de Luz – Miércoles
Luz Blanco-cristal: Maestro Seraphis Bey – Arcángel Gabriel
(Virtudes: Pureza, Paz, Equilibrio, Ascensión, Silencio, Resurrección, Purificación, Limpieza de Karmas)

Maestro Seraphis Bey: Paz Interior

"¡Que la paz del Señor Jesús Cristo esté con vosotros!

¡Queridos hermanos, vengo aquí para traer un mensaje de confianza y de paz!

¡Elijan sus caminos dentro de la luz divina y estén seguros de que estarán en el camino correcto!

¡Cuiden de sus energías, de sus conductas, sean ligeros en la Vida dentro de las enseñanzas de Cristo que estarán seguros!

¡La seguridad viene de la confianza de aquello que estén haciendo y esto solo será alcanzado si se dedican a la paz interior, al rescate de su Yo Soy, que es la luz divina de la perfección que está dentro de ustedes y que se conecta a la Pura energía Divina, que es el Padre, Dios del Universo!

¡Todo en el mundo es energía!

Ustedes necesitan conectarse con las energías positivas que están relacionadas a la fe inquebrantable en el Poder Divino que está dentro de cada uno.

¡Fortalezcan su fe!

¡Límpiense! ¡Perdónense!

¡Los problemas de la humanidad, las energías truncadas llevan a la ilusión de las imperfecciones, de las incertidumbres, de los miedos!

¡Sigan en la luz!

¡Oren! ¡Oren! ¡Oren de nuevo!

¡La meditación a través de la oración fortalece su Yo Soy espiritual y aparta espíritus más densos y malas energías!

¡Que La luz divina blanco-cristal de la pureza de sus almas y del ascenso de su Yo Soy se quede con ustedes!

Yo Soy Maestro Seraphis Bey."

(Mensaje canalizada en 29/06/2017)

2ª Semana de Luz – Jueves
Luz Verde: Maestro Hilarion – Arcángel Rafael – Maestra Madre María
(Virtudes: Curaciones, Verdades, Justicia Divina, Concentración y Dedicación)

Maestro Hilarion: Perdón y Curación

"¡Estoy aquí para traerles la luz verde de la curación, de la verdad!

¡Verdad! ¡Curación del alma, del cuerpo! ¡Curación del universo!

¡Piensen en sus cuerpos físicos y etéricos perfectos!

¡Perfección! ¡Luz y amor!

¡La verdad ya ha sido traída al mundo, basta con seguirla!

¡El perdón auxilia la curación!

¡Mucha paz y amor!

¡Curen sus corazones!

¡Que así sea!
Yo Soy Maestro Hilarion."

(Mensaje canalizada en 11/05/2017)

2ª Semana de Luz – Viernes
Luz Rubí-dorada: Maestra Nada – Arcángel Uriel
Maestro Jesús (antiguo Chohan - actual Instructor del Mundo)
(Virtudes: Misericordia, Devoción, Amor, Curaciones)

Maestro Jesús: Poder Divino

"¡Que la paz del Señor este con vosotros!

¡Hijos, hoy me hago presente para dar fuerza a sus trabajos!

¡Las energías son fuertes, y todos necesitan conectarse a ella para sobrevivir a los cambios energéticos que están ocurriendo en el Planeta Tierra!

¡Siento que, a veces, vosotros perdiste los rumbos de vuestras caminatas, pero hay siempre tiempo restablecimiento!

¡Hagan la lectura correcta de las enseñanzas que traje a la Tierra, cuando encarnado: Sin la caridad no hay salvación — la caridad con vosotros y con el próximo, encarnado o desencarnado!

Os dije: ¡Yo Soy el Camino, la Verdad y la Vida!

¡Yo Soy dentro de cada uno!

El Camino que se debe seguir es el del bien, de la misericordia, del amor puro incondicional, del perdón y de la curación.

Esta curación que puede venir de cada uno, a través del Poder Divino que está dentro de cada uno, como estuvo dentro de mi corazón cuando encarnado.

Esta es la verdad divina: '¡Vosotros sois Santo, el poder y la gloria para siempre!

¡La Vida depende del perdón para seguir ligera, limpia!

¡La Vida es eterna y dependerá de vuestra evolución espiritual, de vuestras elecciones!

¡Si se limpiareis, se quedará con el campo abierto para una vida conectada a las energías divinas del alto y tendrás una Vida feliz!

¡Que nuestro Padre Amado, de Pura Energía Divina, se quede con todos!

¡Yo vos amo y siempre estaré aquí!

¡Que así sea!

Yo Soy Maestro Jesús."

(Mensaje canalizada en 06/07/2017)

2ª Semana de Luz – Sábado

Luz Violeta: Maestro Saint Germain – Arcángel Ezequiel
(Virtudes: Transmutación y Transformación, Libertad, Apelaciones, Compasión)

Maestro Saint Germain: Energía Crística

"¡Oremos, mis hermanos!

¡Que para siempre Dios sea alabado!

¡Dios del puro amor, Dios que está en su corazón!

¡Dios, el Padre todo poderoso es, en realidad, la Pura Energía del Cosmos, energía divina y perfecta, a la cual todos nosotros, encarnados y desencarnados, deberemos conectarnos!

¡Esta es la verdad, mis queridos! ¡La verdad que tanto buscan!

¡Dios es la Energía del Universo!

¡Cada uno de nosotros somos energía, amados hijos!

¡Los átomos que nos componen y forman todas las cosas son energía!

Por esto, necesitamos aprender a manejar con nuestras energías, cuyo pensamiento es conductor de sus fluidos.

¡Si somos energía y Dios es energía divina, es sencillo concluir que poseemos un Dios, una energía pura, dentro de cada uno de nosotros!

¡Y para canalizar esta energía, que está encarnada en un cuerpo humano, necesitamos dominar nuestros pensamientos, calmarlos!

¡Ora y vigila, vos digo!

¡La oración trae la paz que sus pensamientos necesitan. La paz que calma la mente y el alma!

¡Yo vos amo!

Yo Soy Maestro Saint Germain."

(Mensaje canalizada en 10/07/2017)

3ª Semana de Luz – Domingo

Luz Azul: Mestre El Morya – Arcanjo Miguel
(Virtudes: Fé, Proteção, Força, Poder Pessoal, Vontade Divina)

Arcángel Miguel: Elección y Confianza

"¡Mis amigos de quién tanto cuidamos, estoy aquí para decirles que pueden contar conmigo y con toda a jerarquía de Ángeles y Arcángeles que cuidan de vuestras protecciones!

Nos llamen siempre que necesiten, con mayor obstinación, pero sepan que podrán, deberán, protegerse a todo momento.

¡Somos trabajadores de la luz y tenemos muchos quehaceres, pero todos direccionados a ustedes mismos!

¡Estamos preparados y a única cosa que nos dificulta es la falta de fe de ustedes mismos, de la creencia de que de hecho están siendo protegidos!

No confundan situaciones inesperadas e incluso malas que ocurran con ustedes cuando ustedes mismos están desprotegidos y se olvidan de ustedes mismos en el cotidiano. No se confundan aún con eventos programados por ustedes mismos en libre albedrío, los cuales deberán servir para vuestras evoluciones.

Tengan resignación e humildad e intenten quitar de estos momentos de pruebas y expiaciones las enseñanzas necesarias para que sigan sin el karma que fue debidamente afrentado.

¡Pero sepan, ustedes pueden aliviar sus karmas haciendo buenas elecciones en sus vivencias, protegiéndose, teniendo fe en ustedes mismos y en las Energías Supremas, potencializando su Voluntad Divina de ser bueno y atraer solo el amor y el bien!

¡Mucha luz azul y protección!

Yo Soy Arcángel Miguel."

(Mensaje canalizada en 19/09/2018)

3ª Semana de Luz – Lunes
Luz Dorada: Maestro Confucio – Arcángel Jofiel
Maestro Kuthumi (antiguo Chohan - actual Instructor del Mundo) - Maestro Lanto
(Virtudes: Sabiduría, Iluminación, Ciencia, Tecnología, Conocimiento, Inspiración)

Maestro Lanto: Sabiduría Divina

"¡La Luz del Amor, de la Fe y de la Sabiduría Divina están en toda parte y dentro de vosotros mismos, mis hermanos en luz!

¡Que la luz de la Sabiduría Divina siga siempre en vuestra dirección y no sea repelida por la ignorancia de los creídos y soberbios, pues los humildes de corazón tendrán la gloria de los cielos!

¡La humildad pasa por el perdón a sí mismo y al próximo y, principalmente, por la conducta silenciosa de compasión con el próximo y con el momento difícil en que vive en conexión equivocada de sus energías!

¡Mucha luz dorada en vuestras miradas al otro! ¡Mucha luz divina de la Sabiduría en sus visiones del presente y del futuro, relativamente a las personas, a los ambientes y a todas las cosas!

¡Que las relaciones entre las personas y las materias puedan ser regidas por la luz de la Sabiduría Divina, luz esa que les da certeza de que están en el camino correcto, amparados por la Energía Pura del Universo!

¡Si no hay claridad de las virtudes mayores en sus conductas, paren y se conecten con la luz dorada, que tendrán la luz!

¡Mucha luz dorada!

Yo Soy Maestro Lanto."

(Mensaje canalizada en 19/09/2018)

3ª Semana de Luz – Martes

Luz Rosa: Maestra Rowena – Arcángel Samuel

Otros Maestros Ascensos: Paulo, el Veneziano (antiguo Chohan de este Rayo)

(Virtudes: Amor Puro Incondicional, Perdón, Auto aceptación, Gratitud, Belleza, Bondad, Reverencia, Tolerancia, Adoración)

Maestra Rowena: Pureza y Bondad

"¡Así es la vida, llena, llena de desafíos!

¡Ustedes necesitan protegerse y afrontar todo sabiendo que va a pasar! ¡Todo pasa!

¡El aprendizaje permanece y será llevado para su evolución espiritual!

Vivimos un momento de turbulencia, pero que servirá para limpiar las energías del mundo!

¡Ustedes necesitan mantener la frecuencia divina, para que no caigan en las energías negativas!

¡Límpiense! ¡Energícense! ¡Alégrense!

¡Siéntanse pacificados, con energía del puro amor!

¡Curen sus pensamientos y cuerpos!

¡Vine aquí hoy intentar advertirlos para el bien constante, para el puro amor!

¡El amor y el perdón libertan!

¡Ámense! ¡Amen a los necesitados! ¡Amen a sus familiares!

¡Amen a ustedes mismos!

¡Solo el amor libertará!

¡El perdón liberta! ¡Eso es el amor!

¡Perdonar es dejar que su Vida y la de otro siga sin pensar a todo momento en el pasado. Eliminar un malo pensamiento sobre los motivos de las escaramuzas!

¡Reciban mi amor incondicional, el amor en luz rosa universal!

¡Mucho amor!

Un ser de la luz rosa del amor incondicional.

Yo Soy Maestra Rowena."

(Mensaje canalizada en 25/05/2017)

3ª Semana de Luz – Miércoles

Luz Blanco-cristal: Maestro Seraphis Bey – Arcángel Gabriel

(Virtudes: Pureza, Paz, Equilibrio, Ascensión, Silencio, Resurrección, Purificación, Limpieza de Karmas)

Maestro Seraphis Bey: Fe y Transformación

"¡Paz y amor a los seres encarnados y desencarnados!

¡El mundo está en evidente transformación! ¡Vean todo con mucho amor y misericordia!

¡Platiquen la caridad!

¡Tengan compasión por los seres de baja energía. Trátennos con amor y perdón, pero demostrando con firmeza el camino de la fuerza y de la fe. Manténganse en la rectitud!

¡Sean fuertes en el bien!

¡Ascencionen las malas energías en buenas! ¡Para esto, involucran personas, espíritus y situaciones en la luz blanco-cristal, con el fin de quitar de la situación difícil para una feliz!

¡Ustedes pueden hacer esto! ¡Pueden transformar las situaciones!

¡Deberán tener solo un grano de mostaza de fe!

¡Ascencionen situaciones y ustedes también!

¡Crean!

¡Concéntrense en la luz y concretan en su pensamiento lo que desean, desde que justo! ¡Si injusto, también precipitará, cuidado!

¡Vigilen sus pensamientos. La energía que va, vuelta!

¡Sean firmes de la luz para que ella vuelva a ustedes!

Con amor y paz.

Yo Soy Maestro Seraphis Bey."

(Mensaje canalizada en 27/04/2017)

3ª Semana de Luz – Jueves

Luz Verde: Maestro Hilarion – Arcángel Rafael – Maestra Madre María

(Virtudes: Curaciones, Verdades, Justicia Divina, Concentración y Dedicación)

Maestro Hilarion: Curación Universal

"Hijos queridos y amados,

¡Vengo aquí para decir a ustedes que tengan calma y me gustaría que sintieran fe y un poco de la paz del mundo que Dios quiere, porque esa es la verdadera bendición para la curación del mundo!

¡El mundo tiene malas energías. Oremos por la paz del mundo!

¡Siempre ayudaré a ustedes aquí para que suman la paz del mundo!

¡Ustedes son fuertes y buenos y eso cambia el mundo!

Amén!

Yo Soy Maestro Hilarion."

(Mensaje canalizada en 16/02/2017)

3ª Semana de Luz – Viernes
Luz Rubí-dorada: Maestra Nada – Arcángel Uriel
Maestro Jesús (antiguo Chohan - actual Instructor del Mundo)
(Virtudes: Misericordia, Devoción, Amor, Curaciones)

Maestra Nada: Camino y Luz

"¡Señor Jesús este con vosotros!

Ustedes están aquí solo para que ayuden a ustedes mismos y a los otros, en el plan terreno y espiritual, que es maravilloso y forma parte de su evolución espiritual.

¡Sigan adelante!

¡Con fe y mucho amor, serán iluminados para el camino de la paz y del amor! ¡Pero confíen y manténganse limpios energéticamente, para que puedan sentirse seguros en cuanto a las instituciones que aparecerán!

¡Ustedes recibirán un regalo divino: serán guiados! ¡Confíen!

¡Utilicen su libre albedrío para las elecciones del bien!

¡Pero no dejen el ego ser mayor, para que no se pierdan!

¡Concéntrense!

¡Quédense en paz!

¡Misericordia y amor!

Yo Soy Maestra Nada."

(Mensaje canalizada en 06/07/2017)

3ª Semana de Luz – Sábado
Luz Violeta: Maestro Saint Germain – Arcángel Ezequiel
(Virtudes: Transmutación y Transformación, Libertad, Apelaciones, Compasión)

Maestro Saint Germain: Paz y Bien

"¡Yo Soy un espíritu de la Gran Fraternidad Blanca, que compone esta Equipo de Luz que trabaja incesantemente en favor de la evolución espiritual de los seres humanos en el Planeta Tierra!

Escuchen: el Planeta está viviendo una enorme transformación energética y muchas energías se mezclan. Por esto, ustedes necesitan mantenerse en la luz pura del amor divino, en armonía con el Cosmos perfecto, con Dios, para que no dejen que esos vacíos de la carne sean rellenados con captaciones de malas energías perdidas.

¡Esos agujeros sentimentales, esas faltas de espacios de los seres encarnados se deberán rellenar con la paz de Cristo, con la donación de sí mismos al Padre, a la verdad, siguiendo el camino que Cristo vino enseñar en la Tierra!

Ocúpense dedicándose a su evolución espiritual.

Inicialmente, perdónense y perdonen a todos y a todo, para que se limpien y para que permitan que las energías divinas entren en este espacio espiritual que, no se engañen, nunca podrá ser rellenado con cualquier situación o persona encarnada, a no ser por vuestra evolución y purificación espirituales.

¡La paz adviene del silencio intencional deliberado para la conexión divina y el relleno de los vacíos ocurrirá con la práctica de su auto energización, energización a través de terceros y su energización a los otros, en la caridad consigo mismo y con el próximo!

Esa es la verdad que cura el alma, a través de la activación del poder divino que está dentro de usted, pues fuiste hecho a la imagen y semejanza de Cristo.

Tenga fe en sus propios poderes divinos.

¡Que tengan fe y certeza de que ustedes pueden cambiar las energías a su alrededor y a curar a ustedes mismos y a los otros, dentro del libre albedrío de cada uno de creer y donar y de creer y recibir!

¡Que la paz del Universo venga hasta ustedes y que ustedes sirvan como ejemplos para tantos otros en la evolución espiritual, con la práctica efectiva en sus propias vidas!

¡Sean centellas divinas en el mundo!

Quédense con Dios Padre del Universo. ¡Que así sea!

Yo Soy Maestro Saint Germain."

(Mensaje canalizada en 27/07/2017)

4ª Semana de Luz – Domingo
Luz Azul: Mestre El Morya – Arcanjo Miguel
(Virtudes: Fé, Proteção, Força, Poder Pessoal, Vontade Divina)

Maestro El Morya: Yo Soy

"¡He pasado aquí solo para dejarles un mensaje de Protección y Fe!

¡Mucha Fe en todo lo bueno que se está enseñando a ustedes y mucha Fuerza, mis hermanos, para que sigan y elijan el corto camino divino!

¡La Fe mueve montañas, mis hermanos, estén seguros de eso!

¡No se confundan con palabras extrañas o interpretaciones que desvanezcan la verdad que Cristo trajo a ustedes en la Tierra!

¡La Verdad es que Vosotros Sois Dios, el Poder y la Gloria para siempre!

¡Si sois Dioses, el vuestro Yo Soy puede, en la más alta fe de que sois Dios en su interior, cambiar el mundo y vuestras vidas!

¡Podrán curar, bendecir, tratar de las personas, sed misericordiosos, hacer caridad, todo eso que Jesús ha venido enseñar!

¡Actitudes, mis hermanos!

¡Para esto, manténganse protegidos en la luz!

Arcángel Miguel les concede escudo azul, para que lo vistan todos los días de vuestras Vidas y les protejan de toda mala energía.

¡Involúcrense en la luz azul divina, de la Fe y de la Protección y estén seguros de que se quedarán resguardados de todo mal, debiendo vosotros sabéis que la evolución espiritual vive un periodo de pruebas, no necesariamente revestidas del mal, aunque muchas veces no comprendidas a los ojos humanos!

¡Tengan Fe, que todo se arreglará!

¡Mucha luz azul alrededor de ustedes, por entero, frente, atrás, arriba y abajo!

¡Involúcrense en esta luz!

Con amor.

Yo Soy Maestro El Morya."

(Mensaje canalizada en 02/05/2017)

4ª Semana de Luz – Lunes

Luz Dorada: Maestro Confucio – Arcángel Jofiel
Maestro Kuthumi (antiguo Chohan - actual Instructor del Mundo) - Maestro Lanto
(Virtudes: Sabiduría, Iluminación, Ciencia, Tecnología, Conocimiento, Inspiración)

Buddha Gautama: ¡El Despertar!

"¡Que la luz pura existente en lo más Alto de vuestras conciencias, en el Sol Central que rige toda la energía viviente y toda la materia, pueda ser cada día más captada por todos vosotros, mis hijos queridos, mis hermanos en Cristo, mis pares en Luz!

Esta Luz es la más pura energía existente en el Universo de Amor y Bondad y atinge a todas las capas y existencias del Planeta Azul.

¡Busquen sentir esta energía, en un momento de silencio y paz. Ella traerá a vosotros toda la calma y equilibrio necesarios a la comprensión verdadera sobre quién son los humanos y muy pronto se revelará a la Vuestra Esencia lo que están haciendo aquí, aunque aquellos que ya tienen un conocimiento inicial! ¡Todo se profundizará en la mayor luz de la sabiduría divina ya enviada a vuestro Planeta!

El despertar de la conciencia a los seres que habitan aquí será amparado por la energía de la luz dorada, para que tengan mayor facilidad en las aprensiones de las enseñanzas que crecen a cada día, sobre la relación natural existente entre toda la ciencia, tecnología y política, con las energías existentes en el Universo, en conexión directa y proporcional con energías semejantes.

¡Es el momento de cambios y esto causa cierta instabilidad energética, pero toda la energía negativa está siendo y será aún más visible, que desarma relaciones y las virtudes divinas por el ego elevado, las vanidades, las soberbias, las lujurias, los orgullos, las arrogancias, los egoísmos y por falsos profetas, que se conectarán, desafortunadamente, con más energía densa y negativa, perdiendo hasta el rumbo! ¡Pero cálmense! Tienen ahora la oportunidad de salir de esta energía. ¡Ahora mismo! ¡Hagan sus elecciones a la luz del saber divino y manténganse en la luz y en la paz de Dios! ¡Es sencillo!

¡Yo vos amo y cuidaré para que aquellos que desean sinceramente y que sean persistentes, manténganse en la luz y las posibilidades vendrán como plantación florecida, naturalmente!

¡Mucha Luz!

¡Energícense!

¡El Maestro Lanto, junto conmigo, Confucio y Maestro Kuthumi, estamos con todos vosotros!

Yo Soy Buddha."

(Mensaje canalizada en 19/09/2018)

4ª Semana de Luz – Martes

Luz Rosa: Maestra Rowena – Arcángel Samuel

Otros Maestros Ascensos: Paulo, el Veneziano (antiguo Chohan de este Rayo)
(Virtudes: Amor Puro Incondicional, Perdón, Auto aceptación, Gratitud, Belleza, Bondad, Reverencia, Tolerancia, Adoración)

Arcángel Samuel: Corriente del Bien

"¡Hola amigos queridos!

¡La Nueva Era está ahí!

¿Ustedes consiguen darse cuenta, sentir como tantas personas están buscando su equilibrio espiritual?

Eso quiere decir que están en conexión como la nueva orden mundial de evolución espiritual de los seres terrenos.

¡Estamos en fuerte búsqueda por purificación de los seres del Planeta Tierra, que exige de ustedes dedicación a la su auto purificación y al ejercicio cotidiano de la caridad!

La Nueva Era viene rellenada de revelaciones, pasadas por el Espírito Guardiano y Coordinador de la Tierra, Jesús, pero está siendo presentada también de otras maneras, por conferencias, descubiertas científicas naturales, mensajes escritos, estudios constantes entre otras formas, a atingir la comprensión de cada uno.

¡Pongan atención a estos mensajes y difundan siempre que puedan, para que los caminos de la luz se abran con mayor facilidad, dentro de una corriente energética positiva del bien, a abarcar hogares, calles, ciudades enteras!

¡Vamos, mis hermanos, ayuden a esparcir energía del amor puro y del perdón!

¡La espiritualidad cuenta con la colaboración de todos!

¡Aprendan a respeto, transmuten la paz en su cotidiano y sentirán los efectos del regreso del bien a las vuestras Vidas, con más paz y tranquilidad!

¡Quédense con Dios!

¡Estaré con vosotros hoy y siempre!

Un fraterno abrazo,

Yo Soy Arcángel Samuel."

(Mensaje canalizada en 25/04/2018)

4ª Semana de Luz – Miércoles
Luz Blanco-cristal: Maestro Seraphis Bey – Arcángel Gabriel
(Virtudes: Pureza, Paz, Equilibrio, Ascensión, Silencio,
Resurrección, Purificación, Limpieza de Karmas)

Maestro Seraphis Bey: Purificación

"¡Mis hermanos!

¡Le pido licencia para traerles un mensaje de paz, para que el mundo tenga solo amor y paz!

¡Toda curación viene primero de la paz interior de cada uno, de la creencia en el Yo Soy dentro de ustedes, de que ustedes han sido hechos a la imagen y a la semejanza de Cristo, que vino demostrar a la Tierra y a sus pueblos el poder interior de los seres humanos, siempre cuando conectados a la más Pura Energía Divina!

¡Hermanos, purifican vuestros corazones!

¡Vigilen sus pensamientos y, así, podrán, en una grande corriente de luz alrededor del mundo, vivir en un ambiente propicio al bien, al amor y a la tranquilidad que tanto anhelan!

¡Apártense de energías densas y hagan un cordón por la paz en el mundo!

¡No entren en el sufrimiento traído por las fiestas de la Pascua, pero, teniendo conocimiento de él, se embriaguen del momento en que Cristo resucitó y mostró al mundo el poder del Yo Soy, validando, a pesar de las injusticias, todas sus curaciones y su ejemplo como el Camino, la Verdad y la Vida!

¡Enciendan vuestras luces a cada día para realizaciones puras de paz y amor!

¡Perdónense y perdonen a todos para que sigan en paz!

¡Yo vos amo!

¡Que la luz blanco-cristal de la pureza y de la ascensión cubra ustedes en este día y siempre!

Yo Soy Maestro Seraphis Bey."

(Mensaje canalizada en 28/03/2018)

4ª Semana de Luz – Jueves

Luz Verde: Maestro Hilarion – Arcángel Rafael – Maestra Madre María
(Virtudes: Curaciones, Verdades, Justicia Divina, Concentración y Dedicación)

Maestro Hilarion: Verdad del Alma

"Mis hermanos,

¡Me gustaría pasarles un mensaje de amor y unión!

Con el amor puro, desprovisto de rencor y rabias, podrán obtener la expiación espiritual, la evolución que tanto necesitan y es el motivo de estar encarnados en este Planeta Tierra.

¡Este amor incondicional, por ustedes y por los otros, permite que consigan perdonarse y perdonar a todos, uniéndoos en un anillo de energías puras divinas que van más allá del entendimiento de la carne, pasan los niveles y energías densas hasta el Universo, en conexión de pura sabiduría y luz eterna divina, con el Dios Padre!

¡La unión de energías positivas que se atraen cambiará el mundo!

¡Apártense de las energías negativas siempre que logran!

Con el tiempo, las luces del bien serán tan intensas en sus cuerpos físicos y etéricos que apartarán naturalmente las malas energías, pues se repetirán.

¡Confíen! ¡Cúrense!

Los percances de la Vida forman parte de su evolución. Pasen bien por ellos y aprendan las lecciones que vienen que les traen.

Manténganse en la luz para que sean simples piedras en el camino, que construyan bases sólidas evolutivas y que ustedes no se conviertan piedras brutas, porque esta no es la finalidad.

¡Sean felices, mis hermanos!

¡Quédense en na paz!

¡Que la luz verde de la curación del alma desborde a ustedes en la Verdad Divina!

Yo Soy Maestro Hilarion."

(Mensaje canalizada en 09/08/2017)

4ª Semana de Luz – Viernes
Luz Rubí-dorada: Maestra Nada – Arcángel Uriel
Maestro Jesús (antiguo Chohan - actual Instructor del Mundo)
(Virtudes: Misericordia, Devoción, Amor, Curaciones)

Maestro Jesús: Amor Divino

"¡Mis hermanos!

¡Vengo aquí a través de sus oraciones!

¡Escucho siempre sus apelaciones! ¡No duden!

¡Siéntome feliz cada vez que me llaman con amor, fe, sinceramente, como si fuera aún de hecho uno de ustedes, e Yo Soy, pero en espíritu desencarnado, que ya ha pasado por esa Tierra, por los desengaños de la humanidad!

¡Pero sobreviví y seguí en la luz!

¡Espero que ustedes también sigan de esta manera, en el camino del bien y del amor!

¡No vacilen en llamarme!

¡Estaré con vosotros!

Atenderé a sus apelaciones, dentro de su libre albedrío.

¡Veo muchas maldades en este mundo, pero el bien vence!

¡Vos amo tanto!

¡Sientan mi amor, sientan!

¡Mi energía de pureza y del perdón!

Llamen a sus ángeles, sus amigos espirituales. Protéjanse de esta mala energía que insiste en prevalecer, pero no irá, porque ustedes, en una gran corriente de luz, logran apartarla.

¡Queden en paz! ¡Vos amo!

Yo Soy Maestro Jesús."

(Mensaje canalizada en 24/04/2017)

31

Maestro Saint Germain: Amor y Protección

"¡Mis queridos hermanos en Cristo!

¡Hoy empieza un nuevo tiempo! ¡Un tempo de amor y reconciliación con vuestro Yo interior!

¡El hoy del momento en que vivimos, donde hay un torbellino de energías en desencuentro, deberá ahora convertirse en pura energía del bien!

¡Transmuten sus destinos, mis hermanos!

¡Invoquen ala Llama Violeta para auxiliaros en este momento de cambios y protéjanse de las conexiones energéticas inesperadas e no deseadas!

¡El tiempo de la verdad surge en sus ojos, es suficiente que observen como a su alrededor hay energías turbulentas, pero como también hay personas y espacios de luz firmes en los propósitos divinos!

¡Por lo tanto, es hora de la elección!

¡Decidan por el bien y por el amor incondicional, por el perdón, por la misericordia!

¡Curen sus corazones y espíritus, curen a los otros, platiquen cotidianamente la caridad y sean misericordiosos consigo mismos y con el próximo!

¡Así, ustedes seguirán en el camino que Jesús ha venido a enseñar, pues él fue el ejemplo de la verdad y de la Vida en Dios!

¡Que la luz dorada de la sabiduría alumbran sus decisiones y actitudes y se añada a la luz rosa del amor incondicional y a la luz azul de la Protección Divina, formando la Llama Trina en expansión dentro de cada corazón, de cada ser Yo Soy!

¡Yo Soy la luz en cada uno de ustedes, a transmutarles los caminos!

Yo Soy Maestro Saint Germain."

(Mensaje canalizada en 24/03/2018)

Mensaje de la Espiritualidad de Luz

Madre María: Protección de Madre

"¡Hijos de Dios, ámense!

¡Mis hijos, estoy presente para darles un abrazo cariñoso, el amor incondicional, trayéndoles toda la protección divina de la luz azul de mío manto sagrado que les cubran de fe, fuerza y amor!

Jesús Cristo, que ha venido como mi hijo, les enseñó claramente qué significa el Camino, la Verdad y la forma por la cual la Vida debe seguir aquí en la Tierra. Ustedes saben qué hacer y cómo hacer para que se perdonen y se purifiquen.

¡Llevan todo como Dios quiere y Jesús les ha enseñado!

¡Sean mis hijos!

¡Amo mucho a ustedes!

De mi corazón divino al de cada uno,

Yo Soy Madre María."

(Mensaje canalizada en 30/03/2017)

Mensaje del Consejo Evolutivo

Luz Violeta: Maestra Portia - Integrante del Consejo Evolutivo

Maestra Portia: Justicia y Merecimiento

"¡Salve a Dios, Nuestro Señor!

La Vida es un don divino que se debe disfrutar y aprovechar con responsabilidad y alegría.

Antes de encarnar, muchos de sus karmas ya están previamente definidos y todo el camino en la Tierra establecido.

Durante la caminata en la Tierra, las personas necesitan vencer sus miedos y sus frustraciones para que puedan alcanzar la redención y cumplir su misión.

Tener responsabilidad consigo y con la Vida y aceptar con conformidad las luchas que son impuestas es creer que Dios en su plan divino, no desea verlos sufrir.

La misión de cada uno es establecida antes de su llegada a la Tierra y, por eso, se debe tener la comprensión de que el cumplimiento del plan cárnico los llevará al encuentro del Yo Divino.

Tener la conciencia cristiana es creer en la Justicia Divina y en los planes de la Vida.

Hay siempre una oportunidad de corregir posturas viciadas, errores reiterados. Y cabe a cada uno poner atención en sí mismo, manteniendo siempre encendida la llama de la fe y las enseñanzas de Cristo.

Ser justo es mantenerse firme en aquello que Dios ha enseñado a todos. La Justicia Divina no falla.

Una postura íntegra exige fe y aceptación.

Nunca debemos apartarnos del justo, correcto y digno. Ellos son responsables por nuestro crecimiento y evolución espiritual.

Cada paso dado en la caminata de la Vida se debe trazar en el amor de Cristo.

Ayudar al próximo es ayudar a sí mismo. Permite el crecimiento moral y espiritual y transforma el ser humano en noble.

La nobleza del hombre está en el agasajo del hermano sufrido, en la escucha de quién necesita ser escuchado, en la entrega del pan a aquello que siente hambre.

Ser justo y noble a los ojos de Dios está más allá de los conceptos del mundo actual.

Para Dios, la simplicidad en la mirada y el amor al próximo convierte a los hombres a la semejanza del Padre Mayor. Son los sentimientos más puros que dignifican el trayecto y convierten la Vida un regalo diario.

Mantener el amor diario a la Vida y a la oportunidad de vivir hace con que los planes de la Vida se cumplan con tranquilidad y éxito.

Aceptar aquello que ha sido propuesto al encarnar es un ejercicio diario de amor y fe. Es la certeza de que Dios, en su infinita bondad, no los olvida y siempre los auxilia y ampara.

Amor y Paz a todos.

Yo Soy Maestra Portia."

(Mensaje canalizada en 24/07/2018)

Mensaje del Consejo Kármico

Luz Dorada: Maestra Libra - Integrante del Consejo Kármico

Maestra Libra: Justicia y Verdad

"Al comenzarnos este mensaje, vamos a añadirnos al Padre Creador, de adonde viene todas las bendiciones infinitas del más puro amor.

¡Paz en todos los corazones!

No nacemos para azotarnos, pero para evidenciarnos en nosotros la mejora de nuestros actos, de nuestra fuente suprema de Vida, posponer la vigencia del más puro amor.

Hijos,

El camino es muy corto, cuando se da cuenta solamente del lado terreno, pero infinito delante de lo que se es en la esencia.

Si se desplazan con prudencia, no les faltarán la luz, la fuerza y el perdón. Manejen las fuerzas que están en vuestros corazones.

No vos apartad del eslabón divino.

Nada se hace sin esperanza.

Nada se hace sin comprensión.

Nada se hace sin esfuerzo y sacrificio.

Nada se hace sin el permiso divino.

Miren hacia el mañana, no con recelo de lo que vendrá, pero con el deseo de la plenitud alcanzada.

A cada esfuerzo, un nuevo mañana se hace.

La obra de Dios es perfecta para todos.

No hay privilegios, ni elegidos.

Hay la justicia perfecta de Dios.

A ninguno faltará la Luz.

A ninguno faltará el Consuelo.

A ninguno faltará la Fuerza.

No se muestren atemorizados delante de los percances de la vida y de los malestares generados.

Aplanen con la esperanza que dignifica y consuela.

Con amor todo se conquista, todo se hace.

El efecto regenerador os libertará de las vicisitudes y los transportará a nuevos momentos de renovación.

No faltará perdón a nadie, perdón este que no significa liberación sin frenos, pero la oportunidad de volver a colocar en orden lo que estaba a la deriva, sin esmero, sin enlace con la fuente sagrada que rige vuestras Vidas.

Aquí quien habla a vosotros no se pone en relevancia, pero de manera sencilla se hace presente, para decirles del puro amor divino, que no establece reglas, tampoco limitaciones, solo los que envueltos en la certeza del camino que los llevará a la cima de la luz y de la paz.

Crezcan en sabiduría, evolucionen en el perdón y amor y prescriban reglas de condicionamientos que los mantengan enganchados al amor del Padre.

El amor que todo hace por sus amados hijos.

Con bondad y amor, los saludo y alabo con mi infinita paz.

Yo Soy Maestra Libra, del Rayo Dorado del Amor Universal."

(Mensaje canalizada en 24/07/2018)

Mensaje del Consejo de Amparadores

Luz Azul: Maestra María - Integrante del Consejo de Amparadoreses

Maestra María: Justicia y Perdón

"¡Que la paz del Señor Jesús Cristo esté con ustedes!

Mis queridos hijos, amen a tu próximo, como Jesús vos ha amado.

No busquen perfección en vuestros corazones, pues es a través de su Amor Incondicional que vos enseñarás a recorrer los caminos del amor.

Es a través de sus ejemplos, de amor, bondad y compasión, que vos ayudará a encontrar a su esencia Divina.

Es a través del amor, alegría y compasión con el próximo, que el mundo se convertirá mejor.

Emanen en vuestros corazones vibraciones de mucha luz, paz y amor.

¡Sean luz en la vida de tus hermanos!
¡Que Dios sea alabado!
Yo Soy Maestra María."

(Mensaje canalizada en 24/07/2018)

Mensaje del Dirigente del Equipo Médico Espiritual del Grande Corazón de Astheriãn y Grupo Anjos de Luz

Luz Verde, luz Azul, luz Dorada e luz Blanco-cristal: Dr. Helmuth - Integrante de los Consejos de Amparadores y Evolutivo

Dr. Helmuth: Dedicación, Amor y Gratitud

"¡Alabado sea el nombre de Cristo!
¡Salve la Equipo Médico Espiritual del Grande Corazón de Astheriãn!
Se ha lanzado un gran y ambicioso proyecto de ayuda al próximo en 1985.

A cada año, ese proyecto toma el bulto y está creciendo de forma gradual, firmándose en las bases cristianas del amor incondicional, de la disponibilidad, dedicación, disciplina, superación, conciencia, del estudio, del trabajo en equipo.

Con el paso de los años, ese proyecto de ayuda al próximo empezó a delinear y apuntar la dirección correcta a seguir. Los retos fueron grandes y muchos, sin embargo, mayores han sido los resultados de transformación y transmutación para alcanzarse la mejora física, espiritual, mental, emocional de todos aquellos que han buscado y seguirán a buscar consuelo para sus dolores, sea física, espiritual, mental, emocional, en fin, dolores que avasallan al ser humano en general, no importando su origen, su raíz.

Agradezco en especial al Equipo Médico Espiritual, Equipo que tengo oportunidad de dirigir, orientar, coordinar y aprender, y como tengo aprendido con esos espíritus dedicados e imanados en la luz, en el bien, en la conciencia colectiva del

37

amor incondicional, amor mayor que guía, direcciona, hace con que todos los obstáculos sean superados uno a uno.

Mi reconocimiento inmensurable al Equipo de Trabajadores y Obreros especializados en Soporte para los tratamientos médico-espiritual presencial o a distancia. Son esos espíritus iluminados y comprometidos con la curación que ofrecen tranquilidad, seguridad, equilibrio, armonía vibracional en todos los continentes de este Planeta en que estuviéramos actuando.

Gratitud al Equipo de Médiums que se dispone para los atendimientos espirituales, una vez que, en esos días, incontables veces involucran sus corazones en la luz transformadora y transmutadora de la Llama Trina, poniéndose a servicio del amor, de la luz y del bien.

Gratitud al Equipo de Auxiliares (Ángeles Amigos) que siempre se disponen a contribuir con trabajo, disponibilidad, conocimiento.

En fin, cada uno dona lo que tiene de mejor dentro de su corazón: AMOR. Y amor no se compra, no se vende, no se pone precio. AMOR simplemente se demuestra en pensamientos, sentimientos y actitudes.

Te agradezco oh Padre de la Misericordia y Amor Infinito, Jesús Cristo, Virgen María, Cristo, Patrono del Planeta Tierra, por todas las bendiciones recogidas en todos los días de trabajo, y que podamos continuar a caminar por el camino de la luz y del aprendizaje, humildad, disciplina, perdón, comprensión, aceptación, paciencia, tolerancia, compasión y misericordia, venciendo las dificultades y las tribulaciones.

Que todos, en fin, aprendan a perdonar, comprender y aceptar a sí y a los otros como él es, a ser misericordioso, compasivo, a trabajar sin quejarse, a hacer el bien sin mirar a quien, a estudiar siempre sin pereza, a ser puntual, asiduo, comprometido, responsable y, principalmente, no se olvide de que, todo el bien, paz, luz, amor y abundancia que pide incesantemente a los cielos está bien delante de ti.

Busca y encontrarás, bata y la puerta se abrirá, y con la luz de su alma encontrará lo que tanta busca. Nuevas Vidas, nuevos tiempos. Amor incondicional y trabajo en equipo definen todo.

¡Alabado sea Cristo!

Salve la Equipo Médico Espiritual del Grande Corazón de Astheriãn.

Yo Soy Dr. Helmuth."

(Mensaje canalizada en 25/03/2018)

Meditaciones en oraciones

Luz Verde: Dr. Miguel - Integrante de la Colonia Médica
del Grande Corazón y Astheriãn

Invocación de la llama azul

"¡Arcángel Miguel, incansable protector de todos nosotros aquí en la Tierra, te pido que, junto con sus ángeles, soldados y la espiritualidad de la luz azul, traiga para mí ahora mismo la protección de todo mal que esté esparcido en energías negativas!

¡Que con su espada, Arcángel Miguel, de pura misericordia, aparte de mí toda energía nociva!

¡Que con la ayuda del escudo de São Jorge, hagan una verdadera barrera de protección a mí, a mis familiares, a la mí casa y a mi ambiente de trabajo!

¡Que el manto azul de Madre María sea, en este momento, puesto sobre mí, sobre mis hijos y parientes, sobre las personas con quien convivo todos los días, de modo que nada pueda atingirme de manera a causarme mal y a causarme desequilibrios!

¡Pido, aún, a los Maestros de la Luz Azul que expandan en mí mía FE y la creencia de que estoy en este día elevando mi consciencia al Divino y, así, comprendiendo mejor quien de hecho Yo Soy y lo qué hago en este Planeta!

¡Confío que entendí que Yo Soy un ser creado con perfección por el Padre Universal y a la Su semejanza!

Tengo fe de que las energías buenas que vengo invocando en pensamiento tendrán el poder de restablecerme como ser divino y pacífico, apartando todos los días las limitaciones causadas por la elevación indebida del ego, como vanidades, soberbias, ansiedades que provienen de miedos, enfermedades advenidas de los malos pensamientos y malas conductas, lujuria, avaricia.

¡Aparto, en este momento, con el poder de la luz azul de la fe y de la protección, todas estas llagas que estén aún en mi ser y pido que expanda del mi Yo Soy Divino, que está dentro de mí y en mi corazón, todas las virtudes conectadas a la perfección, para que yo ande protegido y también en constante actuación por el bien, con simplicidad, caridad, misericordia, amor, perdón, equilibrio y auto vigilia!

¡Es lo que deseo profundamente!

¡Luz azul, me involucra y me proteja, que crezca mi fe de que todo dará cierto, porque estoy con mi Yo Soy conectado al Universo Divino - Dios!

¡Amén, Amén, Amén, Amén!"

39

Invocación de la llama dorada

"¡Invoco ahora, en este momento, que baje sobre mí la luz dorada de la Sabiduría Divina, para que ilumine mi camino en esta vida, de modo que pueda hacer las elecciones correctas, dentro de las enseñanzas de Jesús Cristo y cumpla mis propósitos divinos en la Tierra!

¡Que la luz dorada y todos los Ángeles y Santos, Espíritus de Luz, puedan quedarse a mí lado hoy y siempre, auxiliándome a ver las soluciones positivas para mis problemas cotidianos, familiares, profesionales e internos, y que esta luz tan brillante dore de bendiciones mi vida y mi corazón!

¡En este instante, expando mi propia luz dorada interior, que sale del centro de mi cuerpo y está junto con la luz azul y la luz rosa, llevándola a la mi mente, para que sea mi norte para el crecimiento de mi Yo Soy Perfecto y Divino, con conexión directa a la Energía Suprema y Perfecta del Universo (DIOS), para conducir mí vida, a partir de ahora, tan solo en el camino de la luz y del bien, atrayendo para mí más luz, paz y bien!

¡Que así sea!"

para la toma de decisiones, para caminar en la luz!
¡Mucha luz dorada de la Sabiduría Divina en el camino de todos ustedes!

Invocación de la llama rosa

"¡Mi Padre Celestial, Energía Pura del Universo, traed para mí, en este día, el más puro amor por mí mismo, por el próximo, por todas las criaturas vivas y por todas las cosas a mí disponibles para el uso!

¡Que pueda hacer de esta cosas menos hábiles a la mi edificación espiritual hasta los cielos, usándolos de manera justa y equilibrada, a fin de convertirlos en instrumentos de mi paz interior, hacia mi autoconocimiento y a la mi regeneración, para vivencia terrena feliz y plena!

¡Creo que la fuerza de este mi pensamiento positivo de puro amor a todo y a todos podrá traerme de vuelta a mi Yo Soy Perfecto de Amor, como Dios Padre me ha creado!

¡Confío a la Espiritualidad de Luz y a la mi propia luz que esto se materializará ahora mismo, trayendo las consecuencias del perdón, como base de todo, y de la misericordia, a mi cotidiano y a las llacas de la Vida, ejercitados por el silencio y por la actuación caritativa y pacífica con el otro, conmigo mismo y con las cosas disponibles para nuestro bien vivir!

¡Que así sea!"

Orientaciones para esta meditación

Imagínese dentro de una llama rosa brillante, así como sus amigos, parientes, enemigos, casa, trabajo y por todos los sitios por adonde caminar.

¡Cierre los ojos tras la lectura de la oración y recordase lo que ha sido leído, persistiendo en el pensamiento de la luz rosa involucrando todo y todos, expandiendo más y más amor y perdón! ¡Gratitud!

Invocación de la llama blanco-cristal

Mantra:

"¡Yo Soy Luz!
¡Yo Soy Perfección!
¡DIOS está en mí!
¡Si Dios está en mí, nada, ni nadie estará contra mí!"

Orientaciones para esta meditación

¡Repetir el mantra arriba, de ojos cerrados e imaginando una luz blanca dentro de su pecho, saliendo y cubriéndole de la cabeza a los pies y SIENTA el calor de esta energía de paz y tranquilidad, restableciendo la conexión energética divina de su Yo Soy Perfecto con el Yo Soy Perfecto del Universo (Dios), en fusión en una única energía del bien!

¡Permanezca así por unos segundos y SIENTA la felicidad que trae, imaginándose en ascensión interior de su espíritu a la elevación Superior, ascendiendo, por consiguiente, todas las situaciones estancadas en su Vida (ej.: desequilibrios, finanzas, relaciones, trabajos, etc.), para algo mejor y próspero!

¡Después, ponga en su mente algo que le aburra y que desea resolver para el bien, y en este momento, CUBRA toda la situación de luz blanco-cristal e imagine fuertemente resolviéndose y ascendiendo para algo aún mejor, MATERIALIZANDO sus deseos justos y CREYENDO que esto de hecho ya está ocurriendo, de modo que SIENTA satisfacción con el resultado ya alcanzado, he aquí que envuelto en la Perfección Divina, que aparta todo el mal y atrae su deseo justo y puro!

¡Que así sea!

Invocación de la llama verde

"¡Oh, Señor Dios Padre!

¡CREO, en este momento de aflicción (imaginar la enfermedad, lo que le causa angustia o una situación de injusticia), que la Verdad Divina se hará presente, sin necesidad de que yo mismo tome cualquier actitud exacerbada!

Verdad esta que traerá a mí la curación de que tanto necesito, para mis problemas físicos y emocionales, y que está relacionada a mi propio poder de emanación de las energías del bien, existentes dentro de mí mismo, que en expansión atraerán para mí y a mi alrededor toda la curación necesaria para las llacas que me entrelazaron en un momento de descuido espiritual.

¡ES JUSTO que el mío Yo Soy Divino se expanda y me traiga toda la bondad del Universo, apartando de mí energías negativas y curando malos sentimientos que aún me aburren, para que sea libre y curado de todas las heridas del pasado, causadas por mí mismo o por otros!

¡Yo Soy el Poder de la auto curación, de la CURACIÓN del otro y CREO que Yo Soy instrumento de trasmisión de la luz verde para curar enfermedades del cuerpo y de la mente y para divulgación de la Verdad Divina acerca de nuestro potencial curativo, que viene con la Justicia a los hombres a los hechos, a traer paz en la Tierra!

Orad y vigilad siempre.

¡Que así sea!"

Invocación de la llama rubí-dorada

"DESEO que, a partir de ahora, logre ejercitar el poder de la Misericordia Divina a mí mismo y al próximo, de modo a intentar seguir en el cotidiano el Camino, la Verdad y la Vida que Jesús ha venido aquí a nos enseñar.

A partir de ahora, TENDRÉ mayor vigilancia en cuanto a mis actos y no vacilaré en pedir perdón a mí mismo cuando equivocarme, así como al próximo, de modo a levantarme de las pequeñas caídas y seguir libre en el camino del bien y del amor incondicional.

Intentaré, también, a partir de este momento, mirar con mayor compasión el otro, con tolerancia y conformidad en las actitudes.

Pido a Dios, a los Maestros de la Luz Rubí-Dorada, que me llenan de CORAJE para ver mis errores y de tranquilidad con los errores del otro, así como para INICIAR la práctica de algún acto de caridad, de modo a conectarme más aún con la energía Suprema y no dejar espacios vacíos para que las energías del mal me depriman o hacerme sentir las llacas de la soledad.

¡ME AMO Y AMO AL PRÓXIMO!

¡GRATITUD por todas las veces que caí y me levante mejor aún, en la Paz de Dios!"

Invocación de la llama violeta

"Llama Violeta, venga a cubrirme de regeneración y quemar todas las llacas que hay en mí, que se derivan del ego exacerbado.

¡Aparte de mí los miedos, las inseguridades, ansiedades, soberbias, vanidades, orgullos desmedidos, maledicencias, lujurias, egoísmos e intolerancias de todas las naturalezas!

¡Queme toda energía nociva que haya se acercado de mí, mi casa, mi familia, mi trabajo y RUEGO a los Maestros, Ángeles y Arcángeles de la Luz Violeta, en nombre de Saint Germain, que aparten de mí todo el mal y limpien a mí y a todo sitio por adonde caminé, con el poder de mi propio Yo Soy, que desea profundamente y, ahora mismo, transmutar toda energía densa en perfección y bondad!

¡Que esa transmutación se CONCRETE AHORA mismo, con la fuerza de MI querer y que todas las situaciones internas y externa se conviertan felices y pacíficas, libertadoras!

¡Que eso se MATERIALIZE en este momento y a partir de ahora todo se encamine límpido y traslúcido, para la manutención de la conexión energética con el Bien!

¡Que así sea!"

Orientaciones para esta meditación

Imagine una Llama Violeta subiendo de sus pies despacio, quemando toda la imperfección de su ser, subiendo, subiendo y saliendo de su cabeza, llevando todo su ego sagaz y libertándole de todas las amarras, regresando, así, su pureza y perfección de su Yo Soy Divino.

Imagine en el ambiente Llamas Violetas saliendo de los zócalos de todas las paredes, subiendo al lugar y quemando toda la negatividad y, después, imagine circulando allí mismo una luz violeta traslúcida, transmutando las energías para el bien y armonizando el ambiente, para la buena convivencia entre las personas y el adecuado desarrollo de los trabajos y de las relaciones allí existentes.

¡Cierra los ojos y repita cuantas veces necesitar!

¡Que así sea!

"Yo Soy Dr. Miguel."

(Mensajes canalizadas en 29/08/2018 y 05/09/2018)

Oraciones inspiradoras

Invocación del Arcángel Miguel

Arcángel Miguel delante a mí,
Arcángel Miguel a mis espaldas,
Arcángel Miguel a mi derecha,
Arcángel Miguel a mi izquierda,
Arcángel Miguel arriba de mi cabeza,
Arcángel Miguel dentro de mi corazón,
Arcángel Miguel abajo de mis pies.
Que pueda conducirme en todos los buenos caminos
Y adonde quiere que vaya,
Que la luz azul de su espada,
Me bendiga, me proteja, me guarde, me ampare,
Me libre de todos los males,
Hoy, mañana y todos los días de mi Vida.
Amén, amén, amén, amén!

(Fuente: www.grupoanjosdeluz.org.br)

Oración de San Francisco

Señor, haced de mí un instrumento de Vuestra paz.
Donde haya odio, que lleve el amor.
Donde haya ofensa, que lleve el perdón.
Donde haya desacuerdo, que lleve la unión.
Donde haya dudas, que lleve la fe.
Donde haya error, que lleve la verdad.
Donde haya desesperación, que lleve la esperanza.
Donde haya tristeza, que lleve la alegría.
Donde haya tinieblas, que lleve la luz.
Oh Maestro, haced que busque más:
Consolar, que ser consolado;
Comprender, que ser comprendido;
Amar, que ser amado.
Pues es dando que se recibe.
Es perdonando que se es perdonado.
Y es muriendo que se vive para la vida eterna.

(Fuente: www.grupoanjosdeluz.org.br)

Mantra del Perdón, Amor y Gratitud del Grupo Anjos de Luz

Hoy me perdono.
Y en este momento perdono a todos.
Pido perdón.
Lo siento.
Me amo.
Amo a todos.
Soy grato.
¡Estoy libre!
¡Todos están libres!
Es así.
Así será.
¡Está hecho!
Amén, amén, amén y amén.

(Síntesis del Ho'oponopono elaborada por el Grupo Anjos de Luz)

Ho'oponopono es un proceso en lo cual nos deshacemos de las energías tóxicas que existen dentro de nosotros, para permitir el impacto de pensamientos, palabras, realizaciones y acciones Divinos.[2]

Padre Nuestro en Arameo

Padre-Madre, respiración de la vida,
¡Fuente del sonido, Acción en palabras, Creador del Cosmos!
¡Haga su luz brillar dentro de nosotros, entre nosotros, y fuera de nosotros para que podamos convertirla útil!
Ayúdenos a seguir nuestro camino, respirando solo el sentimiento que emana del Señor…
Nuestro Yo, en el mismo paso, pueda estar con el suyo, para que caminemos como Rey y Reinas con todas la criaturas.
Que el suyo y el nuestro deseo, sean un solo, en toda la Luz, así como en todas las formas, en toda existencia individual, así como en todas las comunidades…
Háganos sentir el alma de la tierra dentro de nosotros, pues, así, sentiremos la Sabiduría que hay en todo. No permita que la superficialidad y la apariencia de las cosas del mundo nos ilusionen, y nos liberte de todo aquello que impide nuestro crecimiento…
No nos deje ser tomados por el olvido de que el Señor es el Poder y la Gloria del

---

[2] VITALE, Loe; LEN, Ihaleaka Hew. **Limite Zero**: o sistema havaiano secreto para prosperidade, saúde, paz e mais ainda. Rio de Janeiro: Rocco, 2009.

mundo, la Canción que se renueva de tiempos en tiempos y que a todo embellezca.
Que pueda Su amor ser el suelo donde crecen nuestras acciones.
¡Que así sea!

(Fuente: www.grupoanjosdeluz.org.br)

Oración Metta

Que todos los seres puedan ser felices, contentos y realizados;
Que todos los seres puedan sentirse saludables y perfectos;
Que todos puedan tener aquello que quieren y de que necesitan;
Que todos estén protegidos contra el mal y libres del miedo;
Que todos los seres tengan paz interior y bienestar;
Que todos estén despiertos. Liberados, y que no tengan limitaciones;
Que nadie engañe a nadie, engañe el otro, ni desprecie cualquier ser, en cualquier situación;
Que nadie por rabia o mala voluntad desee el mal de otro;
Que haya paz en este mundo y en el universo entero;
Que todos estén libres del sufrimiento y de las causas del sufrimiento;
Que todos encuentren la felicidad y las causas de la felicidad.

(Fuente: libro "Despertar do Buda Interior" de Lama Surya)

Mensaje final

"Estimado(a) amigo(a),
¡Deseamos que, en ese momento de despertar, su mirada se vuelva al pasado solo para deshacerse de la carga de las culpas y arrepentimientos!
Lance su mirada de nuevo al horizonte con la consciencia plena, comprendiendo quien Yo Soy."

Equipo de la Equipo Médico Espiritual del Grande Corazón de Astheriãn.

Orad y vigilad siempre.
¡Luz, paz y bien!

(Mensaje canalizada en 25/09/2018)

Glosario de la vitalidad

Abajo, sigue el Glosario de la Vitalidad, con la finalidad de comenzar la comprensión acerca de los muchos tipos de tratamientos y terapias espirituales ya disponibles en el Grupo Anjos de Luz:

Aromaterapia: Es un método terapéutico que utiliza aromas de aceites esenciales (extraído de plantas) para traer bienestar físico, espiritual, mental y emocional.

Cristal Terapia: Es el uso de piedras y cristales que ayudan en la armonización y en el equilibrio, tanto de ambientes cuanto de los chacras, promoviendo el bienestar físico, emocional y mental.

Cromoterapia: Es un tratamiento que, a través de los colores, establece el equilibrio y la armonía de los chacras (centro de fuerza).

Florales: Las esencias florales son extractos líquidos naturales (extraídos de flores), que ayudan a restablecer el estado físico, espiritual, mental y emocional.

Fluido Terapia: A través de preces, el agua recibe fluidos espirituales beneficiosos, que en ella permanecen por un determinado periodo. El uso del agua fluidificada es de acuerdo con la necesidad de cada uno, y ella es conductora de armonía entre cuerpo, mente, emoción y espíritu.

Oraciones: Es una forma de conectarse con Dios a través de la oración. Propicia confort y alivio.

> **Oración Personal:** Es la transmisión de fluidos energéticos a distancia con el objetivo de equilibrar y armonizar los cuerpos físico, espiritual, mental y emocional.
>
> **Oración para la Casa:** Es la transmisión de fluidos energéticos a distancia con el objetivo de equilibrar y armonizar el ambiente.

Pases: Es la transmisión de fluidos magnéticos o espirituales a través de la imposición de las manos.

Reiki: Es la energía vital espiritualmente guiada, transmitida a través de la imposición de las manos que promueve y restaura el equilibrio y el bienestar entre cuerpo, emoción, mente y espíritu.

Tratamiento Espiritual a Distancia: Es la transmisión de fluidos energéticos por el Equipo Médico Espiritual, siendo que el solicitante se queda en su propia casa, en horario determinado, por un tiempo establecido, con el fin de ayudar en el tratamiento de enfermedades de los cuerpos físico, espiritual, mental y emocional.

Tratamiento Espiritual Presencial: Es un conjunto de acciones terapéuticas, de basamento religioso entre Videntes y Equipo Médico Espiritual, con el fin de ayudar en el tratamiento de enfermedades del cuerpo físico, espiritual, mental y emocional. El tratamiento espiritual presencial ocurre SOLO en la ciudad de Belo Horizonte, Minas Gerais, Brasil.

¡Gratitud!

Más informaciones en el sitio www.grupoanjosdeluz.org.br

www.ingramcontent.com/pod-product-compliance
Lightning Source LLC
Chambersburg PA
CBHW041802040426
42448CB00001B/8